Online Geld verdienen

Wie Sie mit Kindle Publishing zwischen 3000 und 10000 Euro passives Einkommen generieren, ortsunabhängig leben und finanziell frei werden, ohne auch nur ein Buch selber zu schreiben. Eine Schritt für Schritt Anleitung.

Sven Koch

Inhaltsverzeichnis

Einleitung

Herzlich Willkommen beim Buch „Online Geld verdienen: Wie Sie mit Kindle Publishing zwischen 3000 und 10000 Euro passives Einkommen generieren, ortsunabhängig leben und finanziell frei werden, ohne auch nur ein Buch selber zu schreiben. Eine Schritt für Schritt Anleitung." Dieser Ratgeber kann Ihnen dabei helfen, alles über die Welt des Kindle Direct Publishing, zu erfahren.

Kindle Direct Publishing, kurz KDP, ist ein kostenloses Angebot des Onlinehändlers Amazon, um verlagsunabhängig Bücher zu veröffentlichen. Amazon ist einer der größten internetbasierten Marktplätze der Welt. Amazon ermutigt Schriftsteller und Autoren aktiv, selbst, auf deren Plattform, zu veröffentlichen. So sichert die Seite sich zudem eine große Auswahl an Kindle Büchern, die sie ihren Kunden anbieten kann.

KDP ist eine große Chance für jeden, der ein wenig Erfahrung und Können vorweisen kann, seine E-Books einer breiten Masse zur Verfügung zu stellen und damit eine sehr hohe Tantieme zu erhalten. Um erfolgreich zu sein müssen Sie nicht einmal selbst schreiben können – Sie können Ihr Projekt an Freelancer und andere Schriftsteller outsourcen. Sie müssen jedoch das richtige Händchen dafür haben, die richtigen Projekte zu wählen und profitable Nischen zu finden. Glücklicherweise können Sie diese beiden Fähigkeiten mit diesem Buch erlernen.

Sobald Sie diese beherrschen, können Sie selbst jeden Monat ein beachtliches passives Einkommen beziehen. Welches letztendlich zu einem Einkommen, das gut zum Leben reicht, führen kann. Die geschicktesten KDP-Verleger können in einem Jahr sogar eine über sechsstellige Summe erzielen.

Dieser Ratgeber führt Sie Schritt für Schritt durch den Prozess ein gut verkäufliches Buch zu erstellen. Zudem erhält es Details, wie Sie eine gute Titelseite erstellen, Lizenz- und urheberrechtliche Texte schreiben und wie Sie mit Freelancern umgehen. Los geht's!

Ein KDP-Konto erstellen

Um mit Hilfe von Amazon verlagsunabhängig zu verlegen, benötigen Sie ein Kindle Direct Publishing Konto. Das KDP Konto ist eine eigenständige Einheit neben Ihrem Haupt-Amazon-Konto. Sie können von Ihrem Hauptkonto aus auf die KDP Webseite zugreifen, was es Ihnen ermöglicht, ein neues KDP Konto zu erstellen.

Grundsätzlich ist der Registrierungsprozess recht unkompliziert, falls Sie zuvor bereits Online-Konten erstellt haben. Sie werden nach Ihrem Namen, Adresse, E-Mailadresse und Kreditkartendetails gefragt. Um Ihr Konto jedoch zu vervollständigen, müssen Sie Ihr Konto zudem mit Ihrem Bankkonto verbinden und Steuerinformationen bereitstellen. Ohne die Steuerinformationen können Sie keine Bücher veröffentlichen und ohne die Bankdetails können Sie keine Tantiemen beziehen.

Die momentane Auswahl an Ländern, die KDP nutzen können, ist auf die Folgenden begrenzt:

Vereinigte Staaten

Vereinigtes Königreich

Deutschland

Frankreich

Spanien

Italien

Japan

Brasilien

Mexiko

Niederlande

ONLINE GELD VERDIENEN

Australien

Kanada

Indien

Sie müssen auch, je nach Land, die passende Währung, in welcher das Geld auf Ihr Konto überwiesen werden soll, angeben. (Für die Vereinigten Staaten müssten Sie US Dollar wählen, für das Vereinigte Königreich Pfund und so weiter.) Einige Staaten haben ein Steuerabkommen mit den USA und sind damit zu einem Steuersatz von 15% berechtigt, der für verlagsunabhängige Verleger aus den USA gilt – andernfalls müssen Sie mit einem Steuersatz von 30% auf Ihr Einkommen rechnen.

In Ihrem KDP-Konto gibt es ein paar weitere Tabs. Das Bücherregal, auf welchem Sie Ihre Bücher hochladen und nach den Amazon-Kategorien klassifizieren können. Diese Klassifizierung ist besonders wichtig, da das Wählen einer falschen Kategorie dazu führen kann, dass Ihre Kunden Ihr Buch nicht finden können, wenn sie nach Buchtiteln suchen. Sie laden hier auch die Vorderseite des Buches, verschiedene, bezeichnende Schlüsselwörter und Ihre Buchbeschreibung hoch (auch dies ist essentiell für das Finden Ihres Buches auf Amazon).

Ein weiterer Tab ist der Berichte-Tab. Hier können Sie Metriken und Daten darüber ersehen, wie gut sich Ihr Buch verkauft. Dies ist sehr nützlich für erfahrene Verleger, die in der Lage sind, diese Daten richtig zu interpretieren. Im Moment werden Sie diesem Tab wenig Beachtung schenken, sie werden sich jedoch darauf berufen, je mehr Sie in KDP involviert sind.

Der Community Tab verbindet Sie mit einem KDP-Hilfeforum, wo Sie Fragen, bezüglich jedes Problems, welches auftaucht, stellen können. Man kann dieses Forum auch dazu nutzen, um Beratung und Hilfe bezüglich des Marketings im Bereich Selbst-Veröffentlichung zu erbitten. Es kann daher einen praktischen Ort darstellen, um Tipps und Tricks aufzugreifen, wenn Sie ein paar Stunden erübrigen können.

Der letzte Tab ist KDP Select. KDP Select ist im Grunde dazu da, Ihr Buch für Amazon exklusiv zu machen, um dadurch ein paar Vergünstigungen und Zulagen auf ihrer Plattform zu erhalten. Wir werden später genauer auf KDP Select eingehen.

Eine profitable Nische finden

Obwohl viele Menschen KDP als einfache Art, Geld zu verdienen, anpreisen, ist die Wahrheit, dass es im Bereich des Verkaufes viel Konkurrenz gibt. Die ersten verlagsunabhängigen Verleger fanden eine große Nachfrage, nach einer ganzen Bandbreite an Themen, vor und sie haben schnell ihren Nutzen aus den einfachen Nischen gezogen. Nun ist es so, dass wenn Sie Verkäufe erzielen möchten, Sie ein Thema oder ein Gebiet finden müssen, das unerschlossen ist, oder kaum von anderen Verlegern genutzt wird. Das bedeutet in der Regel zwei Dinge.

Erstens kann es bedeuten, dass die Nische neu ist und dass Ihr Buch ein relativ neues Thema oder eine neue Entwicklung in der Welt abdeckt. Die zweite Möglichkeit ist eine Nische, die viele Suchanfragen und eine hohe Aufmerksamkeit anlockt, die jedoch aus irgendeinem Grund weniger Titel und weniger Konkurrenz aufweist, als andere potenzielle Themen. Wichtig ist in jedem Fall, dass Sie eine Nachfrage decken.

Um diese Nachfrage herauszufinden, müssen Sie Nachforschungen anstellen und herausfinden, was im Moment im Trend liegt. Beginnen Sie damit, nach den Bestsellern der Sachliteratur zu suchen.

Viele dieser Bücher werden zu den gebundenen Büchern gehören. Lassen Sie sich dadurch aber nicht einschüchtern. Sehen Sie sich stattdessen die Kategorien auf der linken Seite an und beginnen, diese zu durchforsten.

Hier können Sie sich die Top 100 der Bestseller für die gegebenen Kategorien anzeigen lassen, welche, wie Sie feststellen werden, auch Unterkategorien haben. Suchen Sie weiter, bis Sie auf die selbstveröffentlichten Bücher stoßen. Dies wird Ihnen eine Vorstellung von dem Standard und Schreibstil geben, auf welchen Sie abzielen und welchen Status Sie erreichen können. Testen und begreifen Sie die Vorlagen, die Sie sehen, sowohl bezüglich der Themen, als auch der Titel und Beschreibungen. Sie sollten innerhalb von ein bis zwei Stunden einen guten Eindruck darüber gewinnen, was sich gut verkaufen lässt.

Dies allein ist jedoch nicht genug. Es reicht nicht aus, zu erfahren, welche

E-Books sich gut verkaufen, sie müssen auch erfahren, ob es Platz für Sie zur Vervollständigung der Nische gibt. In der Regel nutzen die Leute die Bestsellerliste, um herauszufinden, ob eine Kategorie realisierbar ist, oder nicht. Die Bestsellerliste ein Indikator, wie viele Verkäufe ein Buch erzielt hat. Je kleiner die Zahl ist, desto höher sind die Verkäufe.

Es gibt mehrere Methoden, das Bestseller-Ranking einzubauen. Einige Menschen behauten, dass das verlagsunabhängige Verlegen nur dann Sinn macht, wenn das erste Buch, in der gewählten Kategorie, einen Bestsellerrang von weniger als 25.000 hat. Wenn er höher ist, ist dies ein einfaches Indiz dafür, dass nicht genug Leute dieses Buch in dieser Kategorie kaufen, als dass sich die Zeit, die man in die Veröffentlichung dieses Buch stecken muss, lohnen würde. Andere Leute dagegen behaupten, dass Sie einfach nur eine Kategorie finden müssen, dessen Bestsellerrang unter 30.000 ist. Wieder andere suchen nach Kategorien, mit mehreren Büchern mit einem Bestsellerrang von weniger als 15.000.

In Wahrheit gibt es so etwas wie eine „magische Zahl", die eine der gegebenen Kategorien realisierbar macht, wahrscheinlich gar nicht. Was Sie jedoch tun sollten, ist, auf diese zahlen der Bestseller zu schauen, um eine Kategorie mit hoher Nachfrage zu finden, von der Sie denken, dass Sie die Möglichkeit haben, darin zu konkurrieren.

Der nächste Schritt ist, Ihr Verständnis für die Konkurrenzdichte in der festgelegten Kategorie zu verfeinern. Sie bewerkstelligen dies, indem Sie das Bestseller Ranking eines Buches mit den Positionen von anderen Büchern in der Top 100 Bestsellerliste, für diese Kategorie, vergleichen.

Zum besseren Verständnis: die Top 100 Bestseller in jeglicher festgelegten Kategorie sind, wenn Leute diese Kategorie durchsuchen, als Liste dargestellt. Diese 100 Bestseller sind in fünf Seiten mit je 20 Titeln unterteilt. Die Leute werden vorwiegend Bücher von der ersten Seite der Bestsellerliste kaufen, von den Top 20 Bestsellern dieser Kategorie. Je weiter Sie an der Top 100 sind, desto geringer ist die Wahrscheinlichkeit, gefunden zu werden.

Und hiermit kommen wir zum raffinierten Teil beim Betrachten des Bestsellerrankings. Wenn Sie eine Kategorie finden können, in welcher die ersten paar Titel einen niedrigen Platz im Bestsellerranking einnehmen (was bedeutet, dass sie sich gut verkaufen), die Titel gegen Ende der ersten 20, ein hohes Bestsellerranking erzielt haben (was bedeutet, dass sie sich nicht so gut verkaufen), gibt es ausreichend Platz für Sie, Ihre Veröffentlichung auf die beliebte erste Seite zu bringen.

Also, falls die ersten paar Titel einen Bestsellerrang von weniger als 25.000 haben, können Sie voraussetzen, dass diese eine beachtliche Zahl an Verkäufen erzielen und, dass es eine große Nachfrage für diese Nische gibt. Falls jedoch die die letzten paar Titel auf der ersten Seite ein Bestsellerranking von, sagen wir, mehr als 80.000 haben, können Sie daraus schließen, dass die Konkurrenz für diese Verkäufe nicht sehr groß ist. Auf der anderen Seite ist es so, dass wenn der 20. Titel ein gutes Bestsellerranking (sagen wir einmal, weniger als 10.000) hat, es unwahrscheinlich ist, dass Sie eine große Chance haben.

Es gibt hier natürlich, wie bereits erwähnt, keine magische Zahl. Nichtsdestotrotz, je größer der Unterschied zwischen den Verkäufen der ersten paar Titel auf der Bestsellerliste einer Kategorie, und den Verkäufen auf den Rängen 15-20, ist, desto schwächer ist die Konkurrenz.

Zusätzlich können Sie auf die Anzahl der Konkurrenztitel schauen. Je weniger konkurrierende Titel es gibt, desto wahrscheinlicher werden Sie Verkäufe erzielen, auch wenn Sie es nicht schaffen, die repräsentativen Top 20 zu knacken.

Um alle Informationen zu sammeln, ist es das Beste, alle Daten in einer Tabelle oder einem Dokument festzuhalten. Beginnen Sie im Amazon-Bücherregal. Schreiben Sie alle Titel der Nische nieder und sammeln Sie 1) das Top Bestsellerranking, 2) Top 20 Bestsellerranking, 3) Anzahl an konkurrierenden Titeln. Wiederholen Sie das ganze, bis Sie viele Nischen abgedeckt haben (insgesamt gibt es 400, falls Sie wirklich engagiert sind). Nun sehen Sie sich alle Tabellen an und wählen einfach die besten Themen. Falls sie selbst über diese Themen schreiben, werden die Themen, bezüglich Ihrer Stärken, eingrenzen. Während Sie, wenn Sie Freelancer beschäftigen, jegliche Themen wählen können, von denen Sie erwarten können, dass ein begabter Forschender es aktiv schreibt.

Wenn Sie weniger dazu geneigt sind, die schwere Arbeit selbst zu machen, gibt es zahlreiche Instrumente, Webseiten und Software, die vorgeben, die besten Verkaufsnischen für Sie zu finden. Wenn Sie sich jedoch für die Nutzung eines solchen Instruments entscheiden, können Sie nicht wissen, nach welchen Algorithmen oder Methoden sie vorgehen, um diese Nischen zu finden. Zudem sollten Sie damit rechnen, dass Sie für die Nutzung dieser Services zahlen müssen. Nichtsdestotrotz schwören einige KDP Autoren auf diese externen Seiten, daher möchten Sie diese vielleicht testen. KDK1, Better Book Tools und Kdspy sind die bekanntesten Möglichkeiten.

Outsourcing

Sobald Sie eine Nische gefunden haben, die profitabel erscheint, wird es Zeit Arbeit in Ihr E-Book zu stecken. Falls Sie entschieden haben, das Projekt selbst zu verfassen, ist alles, was Sie tun müssen, Recherche über das Thema zu betreiben und dementsprechend zu schreiben. Natürlich benötigen Sie perfekte Grammatik- und Rechtschreibkenntnisse, Sie sollten jedoch auch versuchen, Ihren eigenen Stil zu finden.

Sie müssen einen Mittelweg finden, sodass Sie klar und informativ, und gleichzeitig kurzweilig und interessant schreiben. Sollten Sie Zweifel haben, dass Sie dies können, könnten Sie im Internet nach Schreibratgebern und Helfern zum Verfassen suchen. Grammarly ist eine bekannte Software, die auf Ihrem Browser und in Ihre Word Dateien implementiert werden kann, um Ihre Rechtschreibung, Grammatik und den Lesefluss zu überprüfen. Sie können auch einfach ein paar der selbstpublizierten E-Books, die sich am besten verkaufend, kaufen, um derm Rhythmus und Geschwindigkeit nachzueifern.

Falls Sie sich dafür entscheiden, Freelancer zu beschäftigen, ist die beste Plattform Upwork. Upwork nutzt ein Auktionssystem, um Auftraggeber mit Freelancern in Verbindung zu bringen. Sie erstellen ein Auftraggeber-Profil, welches Sie dann dazu nutzen können, eine Stellenausschreibung zu erstellen. Ihre Stellenausschreibung muss detailliert sein, mit Informationen bezüglich des Budgets, des Zeitfensters und der benötigten Qualifikationen für den Job.

Es ist auch gut seltsame oder einzigartige Fragen zu stellen, um sicherzugehen, dass die Freelancer Ihre Beschreibung vollständig gelesen haben. Viele Leute bewerben sich blind für jede Stellenausschreibung, mit Hilfe von ein paar vorgefertigten Antworten – Sie möchten zumindest wissen, dass jemand ein ehrliches Interesse an Ihrem Projekt hat und nicht einfach wahllos seine Bewerbung unter Ihre Anzeige packt.

Kluge Auftraggeber auf Upwork tendieren dazu, Fragen zu stellen wie: „Wer war der 30. Präsident der Vereinigten Staaten? – googeln Sie dies und beantworten die Frage zu Beginn Ihrer Bewerbung". Dies hilft Ihnen, Leute herauszufiltern, die nicht wirklich aufmerksam sind (wenn sie die richtige Antwort nicht liefern).

Sie haben auch die Möglichkeit, den potenziellen Freelancern Fragen zu stellen, um herauszufinden, ob sie die Richtigen für Sie sind. Es ist eine gute Idee, einige Standardfragen zu stellen. Seien Sie jedoch nicht zu eifrig und übertrieben mit Ihrer Untersuchung.

Fragen, wie *„Was qualifiziert Sie für diesen Job?"* oder *„Was sind Ihre relevanten Erfahrungen?"* sind in Ordnung. Fragen, wie „Warum möchten Sie ein Freelancer sein" oder „Wo sehen Sie sich selbst in fünf Jahren" gehen eindeutig zu weit. Die Projekte, die Sie in Auftrag geben, sind kurze, temporäre Projekte zwischen zwei Fremden. Sie müssen nicht deren Lebensgeschichte kennen – im Endeffekt geht es nur darum, zu sehen, ob die Leute sich die Zeit nehmen, wohlüberlegte Antworten zu schreiben.

Stellen Sie zum Schluss sicher, dass der potenzielle Freelancer alles weis, was er wissen muss. Falls Sie nach einem englischen Muttersprachler suchen (das Thema wird weiter unten noch genauer erläutert), geben Sie dies so an. Es muss auch erwähnt werden, wenn Sie Ihr Buch in amerikanischem Englisch verfasst haben möchten. Wenn es irgendeine Art von Unterthema oder Recherchematerial gibt, dass Teil des Inhaltes sein soll, muss dies auch erwähnt werden.

Freelancer können sich dieses Projekt dann anschauen und ein Angebot abgeben. Als Auftraggeber haben Sie dann das Privileg, zwischen duzenden von Freelancern, die sich für den Job beworben haben, zu entscheiden. Sehen Sie sich die Profile derjenigen, die in Frage kommen, genau an. Viele Leute werden ihre Fähigkeiten extrem aufbauschen, jedoch beschämende und schmerzhafte, offensichtliche Rechtschreib- und Grammatikfehler in der ersten Zeile ihres Profils aufweisen.

Sobald Sie jemanden gefunden haben, den Sie mögen, kontaktieren Sie ihn mit Hilfe einer privaten Nachricht, um zu sehen, ob er noch immer an dem Job interessiert ist. Freelancer sind beschäftigte Leute und es kann sein, dass sie nicht mehr verfügbar sind, oder Sie zu lange gebraucht haben, um zu antworten, sodass sich ihre Meinung geändert hat.

Sie möchten Ihre Freelancer eventuell auch mit einer formatierten, standardisierten Vorlage Ihres eigenen Designs ausstatten. Amazon hat strenge Restriktionen bezüglich der Formatierung und des Stils von selbstveröffentlichtem Material, mit welchem Freelancer vielleicht nicht vertraut sind. Ersparen Sie sich und ihnen Schwierigkeiten, indem Sie ein Blanko Formular mit Instruktionen weiterleiten, das alle notwenigen Änderungen bereits enthält. (Wir werden darauf später in diesem Kapitel weiter eingehen.)

Sollten Sie Unterthemen oder eine Grundgliederung des Buches haben, welcher gefolgt werden soll, ist dies die passende Zeit, um die Informationen weiterzugeben. Andernfalls wird Ihr Freelancer lediglich mit einem Titel arbeiten (was in Ordnung ist, solange dieser das Wesen des vollendeten Projekts, wie Sie es sich wünschen, wiedergibt).

Stellen Sie am Ende sicher, dass sie darauf eingehen und vollständig verstanden haben, was Sie von ihnen wünschen. Wenn dies so scheint, können Sie ihnen den Vertrag zukommen lassen, den sie akzeptieren sollten. Glückwunsch! Sie haben Ihren ersten Freelancer beauftragt. Hier bietet sich eine weitere Möglichkeit, um einzigartige Anforderungen zu wiederholen (wie das Recherchematerial oder der Nachfrage nach amerikanischem Englisch).

Wie bei allem im Leben, bekommen Sie das, wofür Sie bezahlen. Den geringsten Betrag für Ihr Projekt aufzuwenden, ist nicht immer die beste Idee – erfahrene Freelancer kennen ihren Wert und werden für besser bezahlte Jobs kämpfen.

Solange Sie jedoch die die Standardrate zahlen, welche, für ein Projekt mit Ihrer Wortanzahl, momentan bei 10$ pro 1.000 Wörtern liegt, sollten Sie keine Probleme haben eine große Anzahl von verfügbaren Freelancern für Ihr Projekt zu finden. Es gibt tausende von talentierten und ausgebildeten Schriftstellern, die in Vollzeit freiberuflich arbeiten, neben anderen Wortakrobaten, die freiberuflich arbeiten aufgrund von Arbeitslosigkeit oder einem Teilzeitjob oder auch einfach nur, um etwas Geld zusätzlich zu verdienen.

Es gibt jedoch ein paar Vorsichtsmaßnahmen. Sie sollten immer nach einem Muttersprachler für Ihr Projekt suchen. Auch wenn das Profil eines Nicht-Muttersprachlers stark wirkt, seien Sie vorsichtig. Viele Freelancers lassen ihre Profile von jemanden verfassen, der kompetenter als sie, in der Sprache ist, was ihre wahren Fähigkeiten in einem besseren Licht erscheinen lässt. Auch wenn ein Nicht-Muttersprachler ein kompetentes Gespür für die Sprache hat, was Grammatik und Syntax angeht, ist es schwer alle Redensarten und kulturellen Beziehungen zu übernehmen, die in die jeweiligen Sprachen eingebettet sind.

Sie werden auch jemanden wollen, der seine Ideen in Worten und Phrasen ausdrückt, welche sich mit dem Leser verbinden, und der in der Lage ist, die Gedanken seiner Leser mit einer gelegentlichen Metapher oder einem ungewöhnlichen Ausdruck zu erhellen. Dies zu erreichen ist schwer für jemanden, der nicht für eine sehr lange Zeit mit dieser Sprache überflutet wurde.

Zudem sollten Sie Ihre Freelancer projektbezogen, nicht stundenweise bezahlen. Stundenraten sind besser geeignet für intimere Projekte zwischen Freelancer und Auftraggeber, wo es über ein längeres Projekt hinweg eine Vertrauensbasis gibt. Die meisten Ihrer Projekte werden, zumindest zu Beginn, relativ kurz sein. Zudem werden Sie mehrere verschiedene Freelancer wählen und mit ihnen experimentieren, sodass ein vorgegebenes Budget klare Erwartungen und Verständnis für beide Seiten bietet.

Sie sollten auch erwägen, Ihr Budget zu teilen, sodass der Freelancer einen Bonus erhält, wenn er das Projekt pünktlich liefert. Dies bedeutet nicht unbedingt, dass Sie mehr bezahlen müssen – Sie teilen einfach die Standardrate in ein Budget, das der Freelancer auf jeden Fall erhalten wird und einen kleinen Teil, den er erhält, wenn er das Projekt innerhalb der vorgegebenen Zeit abschließt. Falls Sie zum Beispiel ein Projekt mit 8.000 Wörtern outsourcen, können Sie arrangieren, dass er 65$ erhält, mit einem Bonus von 15$, wenn er es innerhalb von X Tagen abschließt. Dies bietet Ihren Freelancern einen zusätzlichen Anreiz, ihre Arbeit pünktlich abzugeben.

In Bezug auf die Deadline sind 1 Woche für 10.000 oder weniger Wörter angemessen. Natürlich ist es nicht immer schlecht, Ihren Freelancern einen etwas längeren Zeitraum zu gewähren – es kann Ihr Projekt attraktiver gegenüber Konkurrenzangeboten wirken lassen, was die Chance erhöht, dass ein besserer Freelancer sich für Ihr Projekt bewirbt.

Je nachdem wie vorsichtig Sie sind, werden Sie eventuell auch kleinere Meilensteine für die Freelancer setzen wollen, mit denen Sie das erste Mal zusammenarbeiten. Falls Sie zum Beispiel ein Projekt mit 10.000 Wörtern haben, könnten Sie um je 2.500 Wörter auf einmal bitten, mit Auszahlung des Budgets, sobald ein Teil geliefert wurde. Dies hilft Ihnen, abzusichern, dass Ihr Freelancer dem Zeitplan folgt, es bietet Ihnen aber auch die Möglichkeit, Feedback in Bezug auf Stil und Inhalt des Abschnittes zu geben und alternative Regelungen vorzubereiten, falls die Qualität geringer als der Standard ist.

Ebenso können Sie nach einer Probe bitten, bevor Sie den Vertrag ausgeben. Seien Sie jedoch vorsichtig. Je mehr Bitten und Forderungen Sie in Bezug auf Ihren Vertrag stellen, desto unattraktiver wird Ihr Projekt im Vergleich zur Konkurrenz wirken und desto weniger Wahrscheinlich ist eine Bewerbung der Freelancer. Dies kann die Ungebundenen abschrecken, aber treiben Sie es nicht zu weit.

Sobald Ihr Freelancer die Arbeit präsentiert, sollten Sie es schnell lesen und beurteilen und das Budget auszahlen, wenn die Qualität zufriedenstellend ist. In der Beziehung mit einem Freelancer ist es einfach, viel zu verlangen und zu vergessen, im Gegenzug ein guter Auftraggeber zu sein. Zu antworten und das Budget schnell auszubezahlen ist wichtig für die finanzielle Sicherheit des Freelancers und hilft Vertrauen und ein gegenseitiges Wohlwollen aufzubauen. Das ist wichtig, um die Freelancer zu behalten, die einen guten Job machen. Wenn ein Freelancer talentiert ist, sollten Sie zusehen, dass Sie ihn mit wiederholten Arbeiten festnageln – falls Sie zu lange warten, könnte er bereits anderweitig beschäftigt sein.

Als Schlussbemerkung ist noch zu sagen, dass Sie, sobald Sie ein Stellenangebot eingestellt haben, mindestens einmal pro Tag Ihr Upwork-Profil überprüfen sollten (besser sind 2-3 Mal oder öfter). Von Zeit zu Zeit könnten bei Ihren Freelancern Probleme oder Fragen auftauchen, auf welche Sie antworten müssen und eine gute Kommunikation wird generell einfach geschätzt.

Schlüsselwörter finden

Sobald Sie ein E-Book haben, mit dem Sie arbeiten, ist es nun Zeit, mehr über das Marketing zu erfahren. Amazon erlaubt es den Leuten, ihre Kreationen mit bis zu sieben Schlüsselwörtern auszustatten. Sobald Leute eine Suche anstellen, die diese Schlüsselwörter beinhaltet, oder die sich auf sie bezieht, wird Ihr Buch auftauchen. Daher sollten Sie Schlüsselwörter wählen, die bekannt sind und nach denen viele Menschen suchen.

Die Manipulation von Schlüsselwörtern ist ein heikles Thema. Suchmaschinen sind dahingehend eingestellt, dass sie versuchen die *besten* Resultate für eine bestimmte Anfrage liefern, während die Manipulation von Schlüsselwörtern darauf abzielt, die Aufmerksamkeit und den Datenverkehr für einen bestimmten Bereich zu maximieren – zwei einander entgegenstehende Ziele. Kurz nachdem Suchmaschinen ins Leben gerufen wurden, gab es einfache Methoden, um das Ranking der Ergebnisse massiv zu beeinflussen.

Zum Beispiel haben die ersten Suchmaschinen ein Ergebnis höher eingestuft, je häufiger ein bestimmtes Schlüsselwort wiederholt wurde – was dazu geführt hat, dass Leute ganze Paragraphen und Webseiten mit nur einem einzelnen Wort oder einem Satz zugemüllt haben, um ihre Ergebnisse an oberster Stelle zu haben.

Moderne Suchmaschinen sind wesentlich ausgeklügelter und erkennen viele der Möglichkeiten, die Menschen einsetzen, um die Resultate zu verändern. Zudem werden Sie bei explizitem und offenem „Spielen" mit dem System, ausgeschlossen und von Amazon entfernt.

Im Grunde ist die Aussage dahinter, dass Sie noch immer echt und ehrlich mit der Nutzung Ihrer Schlüsselwörter umgehen müssen. Manche Suchanfragen sind bekannter als andere und Sie können dies zu Ihrem Vorteil nutzen, Sie können das System jedoch nicht völlig in die Irre führen oder überlisten.

Nachdem dies klar ist, können wir nun über die Suche nach Schlüsselwörtern reden. Ich hatte bereits erwähnt, dass einige Schlüsselwörter bekannter sind, als andere, aber wie finden Sie dies heraus?

Nun, eine Möglichkeit, die Suche nach Schlüsselwörtern zu gestalten, ist, ein Wort in das Suchfeld auf Amazon zu schreiben, und zu sehen, welche Erweiterungen zu diesem Wort kommen. Amazon stellt Ihnen automatisch die häufigsten Suchanfragen nach einem bestimmten Schlüsselwort zur Verfügung. Dies kann Ihnen einen Einblick darüber geben, nach was die Leute suchen.

Ich habe zum Beispiel, als ich das Buch geschrieben habe, das Wort „Angst" in das Amazon-Suchfeld eingegeben und habe folgende Erweiterungen erhalten:

Angst Phobie Arbeitsheft

Angst Arbeitsheft

Angst Bücher

Angst & Depression

Mit dieser schnellen Methode, kann ich nun neu interpretieren, wie ich ein Buch über Angst schreiben möchte. Ich sehe nun, dass der Begriff „Übungsbuch" bekannt ist und dass kombinierte Suchanfragen (zum Beispiel Angst & Phobie oder Angst & Depression) verbreitet sind. Nun kann ich anhand von diesen neuen Erkenntnissen meinen Inhalt und den Titel bearbeiten.

Wenn Sie diese Methode über das Suchfeld verwenden, ist es wichtig, immer nur einen Buchstaben auf einmal einzugeben und auf die Ergebnisse zu warten. Sie müssen auf der einen Seite der Amazon-Suchmaschine genug Zeit geben, um eine annehmbare Ergebnisliste bereitzustellen, auf der anderen Seite möchten Sie sicher nicht die Ergebnisse filtern, indem Sie zu viele Wörter und Buchstaben eingeben.

Bitte beachten Sie auch, dass Sie diese Suche eher im Bereich der Bücher auf Amazon durchführen sollten, als im gesamten Online-Shop. Falls Sie den Fehler begehen, letzteres zu tun, werden Sie Informationen über Suchanfragen erhalten, die nicht in der Verbindung zu Büchern stehen (so etwas wie Angst-Pillen, was wahrscheinlich keine Nische ist, über die Sie schreiben möchten oder was Sie als Schlüsselwort verwenden sollten).

Natürlich sollten solchen Anpassungen eher vor dem Schreiben, als nach dem Schreiben, vorgenommen werden. Wenn Sie einfach den Titel und die Beschreibung eines bereits geschriebenen Buches verändern, würde dies implizieren, dass der Inhalt sich von dem unterscheidet, was es tatsächlich ist, was unter „Spielen" mit dem System fällt.

Das ist jedoch nur die Spitze des Eisbergs. Die Schlüsselwörter auf Amazon schwächen sich in ihrer Wichtigkeit mit der Zeit ab, da die detaillierte Suche auf Amazon es ermöglicht, andere Faktoren zu nutzen, um Ihre Produktplatzierung zu bestimmen (so etwas wie die Anzahl der positiven Rückmeldungen und die Anzahl an Verkäufen).

Amazon hat zudem strenge Regeln in Bezug auf die Schlüsselwörter. Sie können zum Beispiel kein Schlüsselwort nutzen, das in Ihrem Buchtitel oder auf der Verkaufsseite des Buches zu finden ist. Daher müssen Sie ziemlich listig sein, welche Wörter Sie tatsächlich benutzen – die Bekanntesten sind vielleicht besser in Ihrem Titel oder auf der Verkaufsseite aufgehoben (die Gründe hierfür werden weiter unten erklärt).

Zusätzlich unterscheidet sich das Schlüsselwort-System von Amazon von den Systemen, die andere Suchmaschinen nutzen. Anders ausgedrückt ist das Schlüsselwort-System von Amazon *intern* und nur für den Amazon-Shop von Bedeutung.

Dies mag nun nicht nach einem Problem klingen, aber schließlich verlegen Sie selbst über Amazon. Nichtsdestotrotz kommt eine große Anzahl der Verkäufe, von selbstvertriebenen Büchern, durch Suchanfragen von Leuten auf Suchmaschinen, nämlich Google, die dann auf Ihre Amazon Webseite weitergeleitet werden, zustande.

Daher reicht es nicht, sich nur darüber Gedanken zu machen, was auf Amazon erfolgreich ist, sondern auch, was auf *Google* gesucht wird. Jetzt wird es interessant.

Glücklicherweise gibt es eine große Bandbreite an Instrumenten, die verfügbar sind, um die Daten für Suchanfragen auf Google ausfindig machen zu können. Diese werden Ihnen die verschiedenen Arten von Daten zur Verfügung stellen. Beachtenswert ist vor allem, wie häufig auf der Google Suchmaschine nach bestimmten Begriffen gesucht wird. Nun müssen Sie systematisch Begriffe in die Google Trendmaschine eingeben, um herauszufinden, wonach die Leute suchen.

Zum Beispiel gibt mir die Suche nach „Angst" viele nützliche Informationen. Mir wird ein Graph angezeigt, der ausführlich aufzeigt, wie die Anfrage nach „Angst" in den letzten Jahren gestiegen ist. Mir werden auch die Standorte dieser Suchanfragen mitgeteilt. Zudem werden mir die häufigsten zusätzlichen Anfragen mitgeteilt, welche in diesem Fall *Angststörung* und *Angstsymptome* sind. Mir wird eine Anzahl von möglichen damit zusammenhängenden Suchanfragen mitgeteilt, wie zum Beispiel *Panikattackensymptome*, welche ich für weitere Nachforschungen verwenden kann.

Indem ich nur eine Minute dafür aufgewendet habe, habe ich nun eine Vorstellung davon, dass es klug wäre, die Begriffe *Angststörung* und *Angstsymptome* mit in meinen Titel und / oder meine Beschreibung hinzuzufügen. Zudem habe ich Hinweise für weitere potenzielle Themen und weitere Recherchefelder.

Natürlich müssen diese Daten mit einer gewissen Skepsis betrachtet werden. Leute, die auf Amazon suchen, sind eher geneigt, Einkäufe zu tätigen, während Leute, die auf Google suchen, vielleicht nur nach Informationen suchen. Es gibt keine Garantie dafür, dass die Informationen auf Google Ihnen dabei helfen, Ihre Verkaufszahlen zu erhöhen, obwohl es definitiv einen Faktor darstellt, der berücksichtigt werden sollte. Nichtsdestotrotz verzeichnet Google einen bedeutend höheren Datenverkehr als Amazon, und dies wird nützlich sein, um Ihrem Buch auch in der Zukunft Aufmerksamkeit zu verschaffen.

Es ist wichtig zu erwähnen, dass die Schlüsselwärter, die Sie auf andere Suchmaschinen abzielen, nicht Teil der sieben Schlüsselwörter auf Amazon sind. Sie sollten diese Wörter stattdessen wohlüberlegt in Ihrem Titel, Untertitel, Zusammenfassung, dem Dateinamen für Ihr Buch und verschiedenen anderen Plätzen platzieren. Müllen Sie diese nicht zu und wiederholen Sie sich nicht ständig selbst, aber versuchen Sie sie mit einer Anzahl von Schlüsselwörtern zu würzen.

Es reicht jedoch nicht aus, zu wissen, welche Wörter beliebt sind. Auf die gleiche Art und Weise, wie Sie versucht haben, eine profitable Nische zu finden, über die Sie schreiben können, müssen Sie nun herausfinden, welche Schlüsselwörter zwar beliebt sind, aber wenig Konkurrenz haben. Es wird nun noch interessanter!

Wir haben in den vorgehenden Sektionen des Beispiel „Angst" verwendet. Für dieses Schlüsselwort gibt es eine unglaublich hohe Anzahl an Konkurrenz, so hoch, dass es sich nicht lohnt, Ihren Fokus auf dieses Wort zu legen. Anstelle dessen ist es besser, längere Schlüsselwörter oder Sätze, die weniger beliebt, aber dafür spezifischer sind zu wählen. Diese Wörter sind leichter anzuvisieren und sie haben in der Regel weniger Konkurrenz, sie erhalten jedoch auch weniger Suchanfragen, als die allgemeinen Begriffe.

Wir haben in dieser Sektion bereits längere Wörter erwähnt:

Angst Phobie Arbeitsheft

Angst Arbeitsheft

Angst Bücher

Angst & Depression

All diese Phrasen sind spezifischer und detaillierter als „Angst" an sich. Infolge dessen wird jede diese Phrasen weniger Suchanfragen insgesamt erhalten. Als Ausgleich dafür sind Leute, die nach diesen längeren Schlüsselwörtern suchen normalerweise eher dazu geneigt, zu kaufen, und es gibt weniger Konkurrenz für diese Resultate.

Zusammenfassend kann man sagen, dass Schlüsselwörter kompliziert sind. Um mit Hilfe von KDP erfolgreich Bücher selbst zu verlegen, müssen Sie die 7 internen Amazon-Schlüsselwörter schätzen, aber auch in Erwägung ziehen, auf beliebten Suchmaschinen, wie Google, gefunden zu werden. Sie können Schlüsselwörter durch den Gebrauch der Amazon-Suchmaschine finden, um vorgeschlagene Eingaben zu sammeln, aber auch durch die Suche nach Volumendaten durch Google Trends. Beachten Sie vor allem die längeren Wörter, die Ihnen helfen können Ihre Nische zu verfeinern und einzukreisen.

Formatierung und Design

Ihr E-Book muss professionell aussehen, was bedeutet, dass Sie sich etwas Zeit nehmen müssen, damit es schön aussieht.

Wählen Sie zu Beginn die richtige Schriftart. Sie können aus einer Auswahl von Schriftarten für Ihr E-Book wählen, Sie müssen jedoch eine lesbare Schrift wählen. Arial oder Georgia sind eine gute Wahl, obwohl eine etwas andere Schriftart Ihr E-Book ein wenig unvergesslicher macht. Der Text sollte Schriftgröße 10 oder 12 haben, auch wenn Amazon die Schriftgröße modifiziert, wenn Ihr Manuskript in HTML übertragen wird.

Gehen Sie sicher, dass Ihr Text in normalem „Stil" geschrieben ist. Stilarten verändern den Abstand des Textes, was beeinflusst, wie es auf Ihrem Bildschirm erscheint. Aber der wichtigste Punkt ist, dass andere Stilarten anders von der Amazon Software, die Ihr Manuskript konvertiert, interpretiert werden. Der normale Stil kennzeichnet den Text als Normal, während andere Stile verwirrend sein können, wie Titel oder Überschriften.

Daher sollten Sie, um Kapitelüberschriften zu erstellen, nicht einfach den normalen Text vergrößern. Stattdessen sollten Sie spezielle Überschriften aus den Stilen Ihres Word-Dokumentes wählen. Diese Überschriften sind normalerweise in Überschrift 1, Überschrift 2 und Überschrift 3 unterteilt. Diese Zahlen formen eine Rangordnung – Überschrift 1 sollte für die Überschriften Ihrer Hauptkapitel verwendet werden, Überschrift 2 für Untertitel und Überschrift 3 für Unter-Untertitel. Sie können auch eine fortgeschrittenere Strukturierung verwenden, falls Sie möchten, auch wenn dies für kleinere E-Books kaum nötig ist.

Die Verwendung von Überschriften erlaubt es Ihnen auch, ein Inhaltsverzeichnis zu erstellen, das die Leute zu den entsprechenden Sektionen führt, wenn sie darauf klicken. Wenn Sie auf den Reiter Verweise in Ihrer Toolbar auf Microsoft Word gehen und dort auf Inhaltsverzeichnis klicken, wird ein Inhaltsverzeichnis erstellt, das die Struktur mit den zuvor erwähnten Überschrift-Stilen enthält. Dies ist bedeutend einfacher, als eine Eingabe von Hand und wird besser auf den Kindle übertragen.

Sie werden auch Ihre Absätze formatieren wollen. Auf Word klicken Sie einfach mit Rechtklick auf irgendeinen Textkörper und wählen Sie die „Absatz" Option. Ein kleines Optionen-Fenster öffnet sich, was Ihnen erlaubt zu wählen, wie Ihre Absätze aussehen sollen. Ästhetische Standards unterscheiden sich, daher sollten Sie so lange experimentieren, bis Sie Einstellungen gefunden haben, die Ihnen gefallen.

In der Regel wird die Wahl eines Zeilenabstandes von 1,5 oder mehr Zeilen Ihren Text sauberer und lesbarer erscheinen lassen. Vielleicht möchten Sie auch einen kleinen Einzug, als Standarteinstellung, zu Beginn eines jeden Absatzes einfügen – 1 bis 1,5 cm sind angemessen.

Sie sollten zum Ende jeden Kapitels Seitenumbrüche einfügen. Ein Seitenumbruch teilt der Amazon-Software mit, dass nach diesem Umbruch kein weiterer Text folgt und ein neues Kapitel begonnen hat. Falls Sie keinen Seitenumbruch eingefügt haben, werden all die leeren Zeilen, die Sie mit Hilfe der Enter-Taste eingefügt haben, ignoriert und die Formatierung wird chaotisch werden. In Microsoft Word kann ein Seitenumbruch manuell hinzugefügt werden, indem Sie auf dem Reiter Layout auf „Seitenumbruch" klicken, oder mit Hilfe der Tastenkombination Ctrl + Return auf Ihrer Tastatur.

Vermeiden Sie ebenso Fehler von anderen Quellen. Wenn Sie einen Text mit Kopieren und Einfügen von einem anderen Ort übertragen, wird dieser die Formatierung der Quelle übernehmen. Um dies zu vermeiden, sollten Sie den Text zuerst in einen einfachen Text Editor, wie zum Beispiel Notepad, einfügen, was alle vorhergehenden Formatierungen entfernt. Kopieren Sie Ihren Text anschließend aus Notepad zurück in Word und wenden die benötigte Formatierung an.

Wählen Sie für die Schrift, in Ihrem Haupttext, nie eine andere Farbe als Schwarz, da es Ihr Buch kindisch wirken lässt. Verschiedene Farben für Ihre Überschriften zu verwenden kann jedoch funktionieren – wählen Sie eine Farbe, die sowohl sanft, als auch auffällig ist (wie zum Beispiel Mittellau).

Innerhalb der Kapitel sollten Sie Gebrauch von Untertiteln machen. Die Leser werden Ihren Text nach den für sie relevanten Abschnitten durchforsten; zumindest solange, bis Sie sie dazu gebracht haben, es gründlich zu lesen. Untertitel können auf der einen Seite den Leuten helfen, Ihren Text zu durchforsten, können auf der anderen Seite jedoch die Neugierde des Lesers nutzen, um sie dazu zu bringen, ausführlicher zu lesen.

Falls all diese Formatierungen zu schwer klingen, können Sie immer jemanden beauftragen, die Drecksarbeit für Sie zu erledigen. Freelancer auf Fiverr formatieren Ihre Arbeit für ein paar Dollar, aber auch auf Upwork sind viele Personen mit dem Formatierungssystem für Kindle vertraut. Falls Sie erwarten, dass Ihr Freelancer für Sie formatiert müssen Sie dies natürlich in der Stellenbeschreibung angeben.

Ein Titelblatt erstellen

Nun, da das Buch geschrieben ist, wird es Zeit, mit dem Titelblatt zu beginnen. Dies ist fast wichtiger, als der Inhalt an sich. Sie müssen aus der Masse herausstechen, nach Aufmerksamkeit heischen, aber gleichzeitig nicht billig wirken. Das ist ein schmaler Grad.

Hier gibt es zwei Optionen. Sie können entweder das Cover selbst, mit Hilfe von verschiedener Software und Tools, die Sie im Internet finden, erstellen, oder Sie können einen Designer damit beauftragen, das Buchcover für Sie zu entwerfen. Falls Sie die erste Option wählen, ist es das Beste, bereits eine Grafikbearbeitungssoftware, wie zum Beispiel Photoshop, zu besitzen und diese auch zu nutzen wissen. Diese Art von Software ist jedoch eine Investition, die Sie locker ein paar hundert Euro, zudem viele Stunden für das Erlernen der Techniken, kosten kann. Selbst mit all diesem Aufwand gibt es keine Garantie darauf, dass Sie tatsächlich gut und fähig sind, anziehende und gut gestaltete Cover zu gestalten.

Wenn sie entschlossen sind, das Titelblatt selbst zu erstellen, ist die bessere Option ein Tool aus dem Internet zu verwenden. Eine Webseite wie Canva ermöglicht es Ihnen zum Beispiel, Designs für Ihr Titelblatt zu produzieren, wobei sich die Kosten nach den Mitteln, die Sie nutzen, richten. Es ist möglich, ein gutes Deckblatt für unter 5 € zu erhalten, auch wenn es ein paar kostenlose Grafiken zum Basteln gibt, wenn Sie Kosten sparen wollen. Der positive Aspekt dieser Online-Instrumente ist, dass sie sehr anfängerfreundlich sind, mit Vorlagen und Standarddesigns, die Sie als Arbeitsgrundlage verwenden können. Dies vermeidet viele der Schwierigkeiten, die Sie mit fortgeschrittener Software (wie Photoshop) haben können, mit dem Nachteil jedoch, dass sie weniger Kontrolle und Finesse bieten.

Alternativ können Sie einfach jemanden beauftragen. Dies muss nicht teuer sein, da die Erstellung eines Buchcovers, für jemanden, mit den richtigen Instrumenten und Erfahrung, nicht sehr lange dauert (in manchen Fällen nur ein paar Minuten).

Der beste Ort, um jemanden für ein solches Projekt zu finden, ist Fiverr. Fiverr ist eine Webseite, die für kleine Aufträge bestimmt ist, welche nur 5 € oder weniger kosten. Sie werden viele talentierte Studenten finden, die neben dem Studium ein wenig Geld verdienen möchten, oder ausländische Professoren, die sich durch Fiverr ein Einkommen sichern können, das zum Leben reicht.

Ein großartiger Aspekt, was Fiverr betrifft, ist die schnelle Umsetzung der Projekte. Leute, die auf Fiverr arbeiten, haben normalerweise eine große Masse an Aufträgen und bearbeiten mehrere hundert Projekte täglich. Dies bedeutet in der Regel, dass sie Ihr Buchcover ziemlich schnell fertigstellen können.

Wie auch bei Upwork sollten Sie klare und präzise Anweisungen geben, nach was Sie suchen. Es kann auch helfen, eine bestimmte Farbkombination vorzuschlagen oder ähnliche Cover oder Layouts, wie das, was Sie sich vorstellen, von anderen Arbeiten.

Eine Beschreibung schreiben

Wenn Sie selbst publizieren, müssen Sie Ihre eigene Beschreibung verfassen, die wohl durchdacht sein muss. Ihre Beschreibung muss nicht nur zu den Schlüsselbegriffen passen, sondern auch frisch und kreativ sein. Sie wollen nicht nur den Inhalt und die Themen, die im Buch behandelt werden, umreißen, sondern auch Gründe liefern, warum Ihr Buch aus der Masse heraussticht. Ein Punkt kann sein, dass Sie mehr Erfahrung haben, als die Konkurrenz, oder, dass Sie eine andere – und bessere – Perspektive als jeder andere befürworten. Sie sollten auch hervorheben, was Ihr Leser dadurch, dass er Ihr Buch liest, gewinnt – die Fähigkeiten, die sie erlangen sollten.

Vermeiden Sie zudem eine zu langatmige Beschreibung. Offiziell können Sie bis zu 4.000 Wörter schreiben, meist wollen Sie jedoch nicht mehr als einen einzigen Absatz verfassen. Große Textblöcke wirken abschreckend und werden die Leute entmutigen, die gesamte Beschreibung zu lesen, wodurch sie dann weniger wahrscheinlich das Buch kaufen werden.

Vermeiden Sie auch, in der Beschreibung über den Verfasser zu reden. Wenn Sie ein Autorenprofil haben, ist dies automatisch mit der Produktbeschreibung verbunden und Sie werden sich selbst wiederholen.

HTML Formatierung

Sie müssen sicherstellen, dass Ihre E-Book Datei in einem unterstützten Format ist. Nicht alle Dateitypen sind möglich, da KDP nur die Folgenden unterstützt:

Word (.doc oder DOC Dateien)

ePub (.epub oder EPUB Dateien)

Plain Text (.txt oder TXT Dateien)

Mobi Pocket (.mobi oder MOBI)

Zipped HTML (.zip oder ZIP)

Adobe PDF (.pdf oder PDF)

MobiPocket konvertiert gut in das HTML Format: Sie können die MobiPocket E-Book Vorlage hier herunterladen. PDF kann genutzt werden, Sie könnten jedoch Probleme beim Konvertieren von Bildern vom PDF in das HTML Format haben. Falls Ihr E-Book aus mehreren Dateien besteht, müssen Sie diese als ZIP-Datei ohne Unterordner hochladen.

Auch wenn Ihr Inhalt eines der akzeptierten Formate hat, wäre es möglich, dass Sie Ihr Dokument gerne ins HTML Format übertragen wollen. Alle KDP Dokumente werden in ein HTML Format übertragen, bevor sie veröffentlicht werden. Indem Sie sich die Zeit nehmen, Ihr Dokument selbst zu konvertieren, können Sie sichergehen, dass es, nach der Konvertierung, zu keinen Problemen bei der Formatierung kommt. Sonst könnte es sein, dass Ihr Struktur und Stil sich verändert, was Ihrer Arbeit ein amateurhaftes Aussehen verleiht.

HTML ist die Sprache der Internet Browser – alle Internetseiten sind im HTML Format geschrieben, was die Browser-Software dann in eine Webseite verwandelt. Mit einem Rechtsklick auf egal welche Internetseite und der Auswahl „Seitenquelltext anzeigen", können Sie normalerweise die unverarbeitete HTML, für jegliche Webseite, sehen.

ONLINE GELD VERDIENEN

Sie werden einige Übung im Umgang mit HTML benötigen, falls es Ihnen noch nicht vertraut ist. Glücklicherweise gibt es hunderte von kostenlosen, qualitativ hochwertigen, Webseiten, die das Selbsterlernen solcher Fähigkeiten fördern. Sie können eine bekannte Webseite um HTML zu erlernen, w3schools.com, hier finden.

Nichtsdestotrotz, wenn Ihnen das zu abschreckend erscheint, können Sie noch immer eine der oben genannten Dateitypen verwenden und so lange ausprobieren, bis Sie die Formatierung erhalten, die Sie wollen.

Die Veröffentlichung
Ihres Titels

Sie haben Ihr fertiggestelltes Buch nun von Ihrem Freelancer zurückerhalten (oder es selbst fertiggestellt). Sie haben einen Kindle Direct Publishing Account und Sie haben Ihr Titelblatt outgesourct oder entwickelt. Nun ist es an der Zeit, dies alles zusammenzufügen und Ihr Buch auf den Markt zu bringen.

Loggen Sie sich in Ihren KDP Account ein. Klicken Sie auf das Bücherregal und wählen Sie die Option „Neuen Titel hinzufügen". Dies wird Sie zu einem zweiteiligen Prozess führen, um Ihr Buch in den Kindle Shop zu bringen.

Der erste Prozess heißt: „Ihr Buch". Hier fügen Sie Details und Informationen wie:

Titel

Beschreibung

Mitwirkende des Buches

Sprache

Veröffentlichungsrechte

Kategorien

Buchinhalt

Veröffentlichungsdatum

Verleger

ISBN

Such-Schlüsselbegriffe

Produktbild

Wie Sie sehen können, ist diese Liste zweigeteilt. Der obere Teil beinhaltet *erforderliche* Anforderungen, welche Sie vervollständigen müssen, um fortzufahren. Der untere Teil ist auf freiwilliger Basis. In den meisten Fällen werden Sie eine Titelseite (Produktbild) und die Such-Schlüsselbegriffe einfügen wollen. Für das Bild ist die empfohlene Größe 600*800 Pixel in TIPP oder JPEG Format.

Beim Eingeben des Buchinhaltes haben Sie die Option die DRM Technologie zu verwenden. DRM oder Digital Rights Management, ist eine Software, die entwickelt wurde, um andere Menschen davon abzuhalten, Ihre Daten zu kopieren und im Internet zu verbreiten. DRM, einmal angewandt, kann nicht verändert oder von Ihrer veröffentlichten Arbeit entfernt werden, daher sollten Sie diese Option mit Vorsicht verwenden.

Falls Sie Ihr Buch jedoch nicht an anderer Stelle veröffentlicht haben, werden Sie keine ISBN Nummer haben. Ein Verlegername muss nicht der Name einer professionellen Firma sein – es kann auch der Name einer Einzelperson oder einer selbstbenannten Organisation sein.

Was die obere Hälfte betrifft, sollten Sie den Namen des Mitwirkenden mit Bedacht eingeben. Amazon verlangt einen spezifischen Namen im Format Nachname, Vorname (z.B. Terry, Jones). Sie werden wahrscheinlich ein Pseudonym für den Namen des Autors verwenden wollen. Dies kann Ihnen helfen öffentlichen Druck zu vermeiden, wenn der Titel sich nicht gut verkaufen lässt. Zudem wird dann Ihre persönliche Reputation und Ihr Bild nicht mit der Reputation im Kindle Shop zusammengebracht.

Gleichzeitig kann ein Pseudonym Ihnen erlauben, Risiken einzugehen, für welche Sie nicht gerne Ihren Haupt-Account, mit Ihrer Hauptidentität, nutzen möchten, wie erotische oder außergewöhnliche Nischen.

Indem Sie Pseudonyme nutzen, können Sie auch verschiedene Autorennamen für die verschiedenen Nischen, über die Sie schreiben, nutzen. Sie können zum Beispiel für Selbsthilfebücher einen anderen Namen nutzen, als für Diät- und Kochbücher.

Mit dieser Methode werden mehrere Ziele verfolgt. Wenn ein Pseudonym über eine breite Themenvielfalt schreibt, verringert sich das Bild von Autorität, das der Schriftsteller präsentiert. Wenn Ihre Leser glauben, dass Sie ein Experte oder erfahren in der bestimmten Nische sind, sind sie geneigter, Ihr Buch zu erwerben. Es ist damit auch leichter für die Leser, weitere Ihrer Titel zu finden, an welchen Sie wahrscheinlich auch Interesse haben werden.

Wenn Sie ein Pseudonym wählen, wählen Sie etwas, das weder zu gewöhnlich, noch zu exotisch ist. „Michael Müller" kann die Alarmglocken läuten lassen, während ein Name wie Mercedes Columbus zu übertrieben ist. Etwas unauffälliges, wie „Daniel Becker", oder „Thomas Möller" ist weitaus glaubhafter und die Chance ist geringer, ungewollte Aufmerksamkeit auf sich zu ziehen.

Falls Sie natürlich selbst über die Themen schreiben und ein ausgewiesener Experte sind, können Sie Ihren eigenen Namen verwenden und Ihre Fähigkeiten bewerben und vielleicht sogar ein Foto in den Buchinhalt oder die Beschreibung zufügen.

Sobald Sie alle Details eingegeben haben und die benötigte DRM gewählt haben, wählen die Option Durchsuchen, um die Datei auf Ihrem Computer zu suchen. Klicken Sie auf „Öffnen" und gehen Sie weiter zum nächsten Schritt.

Nachdem Sie Ihr Buch hochgeladen haben, werden Sie die Option haben, eine Vorschau Ihres Buches zu sehen. Dies ist eine gute Möglichkeit, um zu sehen, ob das Buch nach der Übertragung Formatierungsfehler aufweist. Wenn Sie Änderungen vornehmen müssen, müssen Sie entweder die komprimierte ZIP Datei herunterladen und den HTML Bereich mit den entsprechenden Tags ändern, oder den Quelleninhalt ändern und sehen, ob dies die Formatierung nach der Konvertierung verändert.

Wenn Sie mit der Vorschau zufrieden sind, klicken Sie speichern und fortfahren. Nun müssen Sie nur noch einen Schritt gehen – sich mit den

Inhaltsrechten und der Preisgestaltung befassen.

Sie müssen wählen, ob Ihr Buch globale Rechte, oder individuelle Gebietsrechte abdeckt. Für Ihr eigenes Buch haben Sie wahrscheinlich globale Rechte. Individuelle Gebietsrechte gelten nur für Bücher, die in machen, jedoch nicht allen Ländern, lizenzfrei sind (z.B. kostenlos, lesen und teilen).

Falls aus irgendeinem Grund die zweite Option für Sie gegeben ist, wählen Sie einfach die Aufzählung der Länder aus, für welche Sie das Recht haben, zu veröffentlichen.

Sie müssen nun die richtige Tantiemenoption wählen, entweder 35 oder 70%. Zum Zeitpunkt des Verfassens dieses Buches, sind 70% Tantiemen anwendbar für Bücher, die sich zwischen 2,99 € und 9,99 € verkaufen lassen. Alles andere fällt unter die 35% Kategorie. Infolge dessen werden Sie Ihr Buch für mindestens 2,99 € verkaufen wollen; obwohl auch andere Optionen möglich sind (die richtige Preisgestaltung wird später erklärt).

Diese Tantiemen-Spannen variieren von Region zu Region – im Vereinigten Königreich gelten zum Beispiel Tantiemen zwischen 1,99 £ und 9,99 £, während Brasilien eine größere Spanne von 5,99 R$ bis 24,99 R$ hat. Sie können die Tantiemenbestimmungen für Ihr Land hier einsehen.

Nun müssen Sie im unteren Bereich den genauen Preis angeben, zu welchem Sie Ihr Buch verkaufen möchten. In den meisten europäischen Regionen können Sie Ihren Preis in USD eingeben. Dieser wird dann automatisch in den entsprechenden Betrag in EUR / GBP umgerechnet. Sie können auch einen festen Dollarpreis wählen, zu welchem das Buch immer verkauft werden soll. Wählen Sie das, was Sie mehr anspricht.

Wenn Sie den Verkaufspreis angegeben haben, kann es bis zu 24 Stunden dauern, bis dieser Preis tatsächlich auf der Beschreibungsseite des gefragten Buches auftaucht.

Falls Ihr Buch unter die 35% Tantiemenmarke fällt, haben Sie die Option Ihr Buch zu schützen, sodass es nicht mit der Kindle Ausleihfunktion ausgeliehen werden kann. Diese Funktion ermöglicht es Freunden und Familien Bücher innerhalb verschiedener Kindle Konten, für einen festgelegten Zeitraum, zu teilen. Dies kann sowohl von Vorteil, als auch von

SVEN KOCH

Nachteil sein, je nachdem welche Marketingstrategie Sie verfolgen. Falls Sie in den 70% Tantiemenbereich fallen, haben Sie in dieser Hinsicht keine Wahl – Ihr Buch kann verliehen werden, und Sie können nichts dagegen unternehmen.

Klicken Sie das Kästchen am Ende der Seite an, mit welchem Sie bestätigen, dass Sie das Recht zur Veröffentlichung und zum Vertrieb haben und klicken Sie auf Speichern und veröffentlichen. Glückwunsch – Sie haben soeben Ihr erstes Buch veröffentlicht!

Feiern Sie jedoch nicht zu früh. Ein selbstverlegtes Buch muss eine Überprüfung durchlaufen. Diese dauert bis 48 Stunden für Englische Bücher und bis zu 3 Werktage für anderssprachige Bücher. Sobald Sie eine Meldung der Kindle Seite erhalten, werden Sie wissen, dass Ihr Buch nun erworben werden kann, andernfalls wird es noch immer überprüft.

In der Regel wird Ihr Buch der Überprüfung standhalten, wenn Sie Ihren gesunden Menschenverstand eingesetzt haben. Pornografisches, offensives, illegales, gestohlenes oder kopiertes Material wird dieser Überprüfung nicht standhalten. Zusätzlich darf Ihr Buch die Privatsphäre andere Leute nicht verletzen, Sie dürfen Bilder und andere Software nicht ohne die passende Lizenz verwenden (stellen Sie daher sicher, dass Sie alle Bilder, die Sie benutzen, erworben haben, oder sie lizenzfrei sind). Solange Sie sich an diese Regeln halten, sollte Ihr Buch unbeschadet durch die Überprüfung kommen, egal welche Qualität oder Inhalt es aufweist.

Nachdem Sie eine Bestätigungs-E-Mail erhalten haben, die Sie darüber informiert, dass Ihr Buch nun für die Öffentlichkeit verfügbar ist, sollten Sie Ihr Buch im Kindle Shop auffinden können. Sie können dies entweder über Ihren KDP Account machen, indem Sie über Ihr Bücherregal auswählen, dass Sie Ihr Buch im Kindle Shop ansehen möchten. Alternativ dazu können Sie Ihr Buch im Kindle Shop auf die traditionelle Art und Weise finden – durch die Suchfunktion.

Sobald Ihr Buch Verkäufe erzielt, sollten Sie die Tantiemen automatisch elektronisch überwiesen bekommen, sobald Ihr Kontostand höher als 10 € ist (oder auch 100 €, wenn Sie Ihre Tantiemen per Scheck erhalten wollen).

Bitte beachten Sie, dass diese Zahlungen auch von Ihrer Bank bearbeitet werden müssen, was ein paar zusätzliche Arbeitstage (oder sogar Wochen) bis zur Überweisung darstellen kann.

Zudem sollten Sie beachten, dass Ihre Kontodetails und Ihre KDP Account Details miteinander übereinstimmen müssen. Dies bedeutet nicht, dass Sie kein Pseudonym für Ihr Buch nutzen können, Sie sollten das Pseudonym lediglich nicht in Ihren Kontodetails verwenden.

Preissetzung

Wie hoch ist zu hoch. Oder wie niedrig ist zu niedrig? Den richtigen Preis für Ihr Buch anzugeben ist essenziell für die Erzielung von Verkäufen. Manche Preise sind merklich effektiver als andere, mit fast keiner logischen Erklärung.

Lassen Sie uns zu Beginn die richtigen Momente festlegen, zu denen Sie Ihr Buch unter 2,99 € anbieten können. In der Regel sind dies kleine Bücher (weniger als 60 Seiten auf dem Kindle), welche dafür erstellt sind, um die Aufmerksamkeit und Internetverkehr auf verschiedene Bereiche des Internets zu ziehen.

Diese Bücher enthalten normalerweise mehrere „Mitmachaktionen" die die Leute dazu anregen, entweder mehr Inhalte zu erwerben, verkaufsfördernde Geschäfte abzuschließen oder eine Internetseite zu besuchen. Falls Sie einen Blog oder eine Webseite haben, die Ihr Hauptgeschäft darstellen, kann dieser Buchstil Leute von Amazon einfangen und sie durch die Tür lotsen. Dies funktioniert daher, weil nicht das Buch die Haupteinnahmequelle darstellt, sondern eher eine Webseite oder anderweitige Inhalte, sodass die geringere Tantieme nicht schlimm ist.

Auch wenn man die Höhe der Tantiemen außer Acht lässt, tendieren 99 Cent und 1,99 € Bücher in aller Regel sowieso zu einer toten Zone. Diese Preise vermitteln häufig den Anschein, dass das Buch *zu billig* ist, mit der Schlussfolgerung, dass die fehlende Qualität kompensiert werden muss.

2,99 € ist Ihr E-Book Standard und dies ist wahrscheinlich das preisliche Ziel, zu welchem Sie Ihre E-Books verkaufen wollen. Dies ermöglicht es Ihrem Buch, in die 70% Tantiemenmarke zu fallen, während es gleichzeitig günstig genug ist, um spontan erworben zu werden. Im Grunde genommen ist es als unbekannter Autor schwierig, einen höheren Preis als 2,99 € zu verlangen – Sie werden dadurch die Leute dazu bringen, genauer hinzuschauen, ob der Peris für die gelieferte Qualität angemessen ist.

Je höher die Qualität und je länger Ihr Buch ist, umso praktikabler ist es, einen höheren Preis zu veranschlagen. Wenn Sie die höchste Preiskategorie, mit 9,99 € planen, muss Ihr E-Book wirklich den höchsten Standard aufweisen. Hier reicht es nicht, einfach die Arbeit auszulagern oder einen vereinfachten Ratgeber für ein Nischenthema zu verfassen – Sie benötigen wirkliche Einsicht und Kenntnis über das Thema, Schreibstil, von einem Experten Korrektur gelesene Inhalte und ein gut designtes Titelbild.

Sobald Sie eine Reputation aufgebaut haben, können Sie mit Preisen zwischen 2,99 € und 9,99 € experimentieren. Wenn Sie viele begeisterte Kommentare von Kunden erhalten haben und viele wiederkehrende Kunden, kann es funktionieren 3,99 € oder sogar 4,99 € zu verlangen – es dauert jedoch, um dahin zu gelangen.

Belletristische Bücher sind unbeständiger, daher können Sie preislich besser variieren. Es geht wirklich fast alles und Sie müssen gewollt sein, auszuprobieren, was in Ihrem Fall das Richtige ist. Bei belletristischen Büchern wird erwartet, dass sie länger sind, probieren Sie daher nicht Ihre 10.000 Wörter umfassende Kurzgeschichte mit 4,99 € festzulegen und damit einen Geldregen zu erwarten.

Sammelboxen

Amazon ermöglicht es Ihnen, Ihre Bücher als Sammelbox anzubieten, ein Angebot, bei dem Sie einen Rabatt für den Erwerb mehrerer Bücher anbieten können. Dies ist eine perfekte Möglichkeit, eine Serie oder Marke zu bewerben, anstelle der einzelnen Bücher. Sie können auch neue Kunden in Richtung Ihrer alten Titel, welche weniger Aufmerksamkeit erhalten, drängen.

Die Preissetzung der Sammelbox sollte selbstverständlich geringer sein, als der einzelne Erwerb der Bücher, gehen Sie jedoch nicht so weit, Ihre Werke zu entwerten. Ein Rabatt von 25 – 50 Prozent ist angemessen. Alles Weitere ist ein zu starker Abfall, sodass es verzweifelt wirkt.

Kommentare und Feedback

Der beste Faktor, um herauszufinden, ob sich Ihr Buch verkauft, ist die Anzahl der positiven Kommentare, die es erhält. Die Leute möchten die Bestätigung, dass Ihr Buch gut ist, bevor sie es kaufen, aber es gibt nichts, das so stark wirkt, um Ihr Buch zu verkaufen, wie echte Kommentare. Amazon stuft positive Kommentare so hoch ein, dass man diesen Faktor sogar in der Suchmaschine wählen kann. Angesehene Bücher werden höher eingestuft, als Bücher, die weniger gut ankommen, selbst wenn die Schlüsselwörter eher auf letzter genanntes abzielen würden.

Im Marketing wird dieses Konzept sozialer Beweis genannt und Sie werden ihn benötigen. Aber wie können Sie ihn erhalten? Sie können damit beginnen, Vorteile aus den verkaufsfördernden Veröffentlichungsinstrumenten zu ziehen, die Amazon bietet, um den Leuten einen Anreiz zu bieten, Ihr Buch zu kaufen und erste Kommentare zu schreiben.

Über Ihren normales KDP Account hinaus, gibt es noch Kindle Select. Kindle Select ist ein Geben und Nehmen – Sie erhalten gewisse Vorzüge, wenn Sie Ihr Buch auf Amazon veröffentlichen, solange Sie versichern, exklusiv zu bleiben, und die Bücher nicht auch über andere Plattformen anzubieten. Sie können entweder Ihren gesamten Katalog bei Kindle Select registrieren, oder auch nur bestimmte Bücher.

Durch die Registrierung bei KDP Select erhalten Sie Zugriff auf zwei werbewirksame Strategien. An erster Stelle gibt es die Kindle Countdown Deals, welche es Ihnen ermöglichen, das Buch für eine gewisse Zeit zu reduziertem Preis anzubieten. Alternativ dazu gibt es Gratis-Werbeaktionen, bei welchen Sie das Buch für einen bestimmten Zeitraum komplett kostenlos anbieten können.

Während beide dieser Strategien Ihnen einen Moment verschaffen können, haben viele Selbstverleger den Eindruck, dass es Ihnen nicht gelingt, Ihr Publikum zu erhalten, sobald dieser Zeitraum endet. Infolge dessen haben viele Selbstverleger beschlossen, ihre Angebote nur für bestimmte Bücher aus einer Serie oder Reihe verfügbar zu machen, was die Leute dazu bringen soll, den Rest zu erwerben. Falls Sie zum Beispiel eine Reihe von

Sachbüchern schreiben, können Sie ein Buch über Stress kostenlos anbieten, was die Leute dazu ermutigen könnte, sich die Bücher über Depression, Ängste und Selbstvertrauen anzuschauen und diese zu erwerben.

Ein weiterer Trick ist es, die Bücher mit Hilfe anderer Webseiten oder anderer Internetmöglichkeiten, zu bewerben. Sie sollten jedem, den Sie auf den sozialen Medien kennen, über Ihre Arbeit erzählen und durch Ihre Follower die Kunde verbreiten. Zumindest sollten Sie Facebook und Twitter nutzen. Aber auch Pinterest, LinkedIn und Google+ haben viele Nutzer, die Sie erreichen können.

Wenn die Vorstellung, Ihre eigenen Konten in den sozialen Netzwerken zu nutzen, Ihnen unangenehm erscheint, können Sie jederzeit Konten für Ihre Pseudonyme erstellen, oder auch als selbsterstellte Werbeorganisation. Wenn Sie diese Variante wählen, müssen Sie zuerst Follower gewinnen, aber dies ist möglich, wenn Sie wissen was im Bereich des guten Medieninhaltes angesagt ist und was nicht. Eine starke Medienpräsenz zu erstellen ist eine Kunst, aber die Haupteigenschaften liegen darin, Bilder Makros zu nutzen, wenig Text, Sinn für virale Trends, regelmäßige Aktivitäten und Mitmachaktionen, welche spezielle Aktivitäten durch Ihre Follower fordern (wie zum Beispiel liken oder teilen).

Wenn Sie nicht eigewillig haben, exklusiv auf Amazon zu agieren, können Sie andere Plattformen nutzen, um Ihr Buch zu bewerben. Es mag sein, dass Sie für dieses Privileg bezahlen müssen, aber dies ist ein einkalkuliertes Risiko, sobald Sie ein wenig Erfahrung gewonnen haben. DigitalBookToday, Freebooksy und weitere Webseiten ermöglichen es Ihnen, nach Zahlung einer Pauschale, Ihr Buch mit einem Rabatt, deren Millionen von Lesern, anzubieten.

Auch wenn Sie eingewilligt haben, Amazon exklusiv zu nutzen, können Sie noch immer eine kleine Reihe von Beispiel-Büchern an andere Plattformen geben und Sie können Ihr Buch auch immer verlinken und bewerben. Foren für Spezialisten sind, wie auch Gruppen in sozialen Medien, eine gute Anlaufstelle. Es gibt mehrere Gruppen in den sozialen Medien, die im Grunde einfach nur da sind, um kostenlose Produkte zu finden. Sie können jedoch auch Gruppen ausprobieren, die sich auf bestimmte Themengebiete spezialisiert haben. Hier sind auch Twitter und Facebook wieder gute Orte zur Suche.

Falls Sie natürlich eine Webseite oder einen Blog haben, sollten Sie die Nachfrage auf diesen auch für die Werbung für Ihr Buch nutzen.

Zusätzlich können Sie auch für Online-Werbung bezahlen. Im Zeitalter von sozialen Medien und Suchmaschinen ist Werbung nicht wirklich teuer – Sie können mit lediglich ein paar Euro bereits mehrere tausend Leute erreichen.

Facebook ist der regierende Meister der Social Media Werbung, mit duzenden von Anzeigen, die die Seiten der Leute zumüllen. Erstellen Sie einen Account für Ihre E-Books und nutzen Sie Facebook für bezahlte Werbung. Es gibt zwei Möglichkeiten der Facebookwerbung – Sie können entweder einen Beitrag „pushen", sodass er von mehr Leuten gesehen wird, oder Sie bezahlen explizit für eine Werbung und erhalten dadurch ein noch größeres Publikum.

Ebenso ist es sinnvoll, Google Adwords zu betrachten, welches das Werbesystem von Google auf deren Suchmaschine und dazugehörigen Webseiten ist, und mit ähnlichem Prinzip wie Facebook arbeitet.

Für die erfahreneren Vermarkter unter Ihnen, hat bezahlte Werbung den Vorteil, dass Sie Ihr Publikum besser ausfindig machen können und selektiv Leute auswählen können, die Ihre Arbeiten kaufen könnten. Zum Beispiel hat Software wie Google Adwords spezielle Instrumente, um nochmals auf die Leute abzuzielen, die Ihre Amazon-Webseite angeschaut, jedoch nichts gekauft haben. Indem Sie diese Leute wiederholt bewerben und eine subtile psychologische Präsenz zeigen, können Sie sie Schritt für Schritt überreden, Ihre Inhalte zu erwerben, auch wenn sie sonst darauf verzichten würden.

Sie sollten natürlich vorsichtig damit umgehen, wie viel Geld Sie in Werbung investieren. Wenn Sie mehr Erfahrung gewonnen haben, werden Sie einschätzen können, mit welchem Geldbetrag für bezahlte Werbung Sie wie viele Verkäufe erzielen können. Solange Sie dieses Wissen noch nicht haben, ist es das Beste, klein zu beginnen und geringe Beträge auszugeben, um zu sehen, was Sie im Gegenzug dazu erhalten.

Schlussendlich sollten Sie die ersten paar Seiten des Buches dazu nutzen, Ihr Buch zu bewerben. Alle durch KDP selbst publizierten Bücher haben eine Vorschau-Funktion, mit welcher die Leute die ersten 10% des Buches kostenlos anschauen können. Es ist allgemein bekannt, dass Ihr erstes Kapitel Ihr Publikum fesseln sollte – dies ist besonders dank der 10%-Vorschau richtig.

Tatsache ist, wenn Sie die 10% Vorschau nutzen, um die selbst publizierten Bücher, die mit Ihrem konkurrieren, anzuschauen, werden Sie feststellen, dass die Meisten der erfolgreichsten Titel, direkt nach dem Inhaltsverzeichnis, fast immer ihre anderen Bücher bewerben.

Auf die gleiche Art bewirbt die Einleitung zwar nicht das Buch, jedoch aber den Autor – in einem Ausschnitt seiner Biographie, welche einen Zusammenhang herstellt, warum das Buch geschrieben wurde, die Expertise des Autors und der Weg bis zur Fertigstellung des Buches. Um ehrlich zu sein, sind die meisten davon eher billig, aber dieses erzählerische Vorgehen funktioniert oft, da der bodenständige Ton viele Leser anspricht.

Sie sollten jedoch auch nicht schwafeln. Es ist sinnvoll, wenn Sie innerhalb der ersten 10% zur Sache kommen, da dies Ihren potenziellen Käufern einen echten Einblick gibt, was das Buch tatsächlich bietet.

Als Schlussbemerkung sei gesagt, dass Sie keine hinterhältigen Methoden verwenden sollten, um Kommentare zu erhalten. Amazon hat mehrere Systeme, um falsche Kommentare aufzustöbern und zu entfernen und sie werden es nicht schätzen, wenn sie Sie wiederholt dabei erwischen, das System zu hintergehen.

Dies beinhaltet, Leute dafür zu bezahlen, Ihnen positive Kommentare zu hinterlassen, anderen Autoren anzubieten, ihnen positive Kommentare auf deren Arbeit zu hinterlassen, wenn sie im Gegenzug bei Ihnen einen positiven Kommentar hinterlassen und Ihr Buch Freunden und Familien zu geben, damit diese positive Kommentare hinterlassen. Amazon wird es wahrscheinlich nicht bemerken, wenn Sie ein oder zwei Freunde dazu nutzen, einen positiven Eindruck zu hinterlassen, aber sie werden mit Sicherheit einen andauernden Trend erkennen. Sollten Sie entscheiden, nicht legitime Mittel zu wählen, um Reputation zu erhalten, *gehen Sie vorsichtig vor.*

Inhalte Wiederverwenden

Jedes Buch, welches Sie über Amazon selbst verlegen, hat ein verstecktes Regal-Leben. Auch wenn Sie einen Titel so lange Sie möchten zur Verfügung stellen können, wird Ihr Buch nach einer gewissen Zeit von den Such-Rankings nicht mehr angezeigt werden und durch neueres Material ersetzt werden. Sie werden gleichsam langsam einem Rückgang der Verkäufe vermerken können, wie auch eine größere Konkurrenz durch Ihre Kollegen.

Glücklicherweise können Sie Ihren Inhalt umgestalten, indem Sie ihn auf anderen Plattformen anbieten. Wenn Sie das Gefühl haben, dass ein Buch auf Amazon seinen Reiz verloren hat, kann das Ausprobieren einer neuen Webseite Ihrem Buch einen neuen Aufschwung geben. Sie können eine Wiederveröffentlichung auf Createspace, DigitalBookToday, Bookbub, Freebooksy oder anderen Medien versuchen, sobald die Möglichkeiten auf Amazon ausgeschöpft sind.

SVEN KOCH

Zusammenfassung

Durch Amazon selbst zu veröffentlichen ist eine herausragende Möglichkeit. Für die meisten physisch veröffentlichten Bücher sind die Tantiemen geringer als 10%, sodass Sie nur wenig verdienen, auch wenn tausende von Exemplaren verkauft wurden. Kindle Direct Publishing ermöglicht es Ihnen, bis zu 70% Tantiemen zu erhalten, was Ihnen ermöglicht, ein Gehalt zu realisieren, mit dem Sie leben können, wenn Sie es schaffen ein paar hundert Kopien Ihres Buches zu vertreiben. Darüber hinaus können Sie, wenn Sie erfolgreich sind, sogar ein kleines Vermögen verdienen. Es gibt zahlreiche Millionäre, die dies durch das Selbstverlegen mit KDP erreicht haben.

Dieser Ratgeber hat Ihnen eine vollständige Einführung in die Welt des Selbstveröffentlichens von Kindle-Sachbüchern gegeben. Wir leben in einer nuancierten Welt, die Marketingkenntnisse, Führungsqualitäten, gesunden Menschenverstand und harte Arbeit voraussetzt. Nichtsdestotrotz, wenn Sie erfolgreich sind, werden Sie ein beachtliches passives Einkommen erhalten, mit Hilfe Ihrer eigenen Initiative, und das, ohne Ihr Haus verlassen zu müssen.

Sie verstehen jetzt nicht nur, was beim Kindle Direct Publishing selbst angesagt, oder auch weniger angesagt, ist, sondern auch, wie Sie Schlüsselwörter finden, wie Sie die preisliche Gestaltung vornehmen und, vielleicht noch bedeutender, wie Sie Ihre Fachkollegen kritisch zu betrachten. Zudem haben Sie gelernt, wie Sie Schreibprojekte auslagern, Manuskripte formatieren, Titelblätter finden oder erstellen, soziale Beweise zu erhalten und mehr.

Ich hoffe, dieser Ratgeber hat Ihnen dabei geholfen, Ihr eigenes selbstveröffentlichendes Unternehmen zu gründen und wünsche Ihnen das Beste für Ihre zukünftigen Projekte.

www.ingramcontent.com/pod-product-compliance
Lightning Source LLC
Chambersburg PA
CBHW070339190526
45169CB00005B/1958